Bibliografische Information der Deutschen Nationalbibliothek:

Die Deutsche Bibliothek verzeichnet diese Publikation in der Deutschen National-
bibliografie; detaillierte bibliografische Daten sind im Internet über http://dnb.d-
nb.de/ abrufbar.

Impressum:

Copyright © 2017 GRIN Verlag, Open Publishing GmbH
Druck und Bindung: Books on Demand GmbH, Norderstedt Germany
ISBN: 9783668547292

Dieses Buch bei GRIN:

http://www.grin.com/de/e-book/377391/wider-die-unvernunft-moegliche-loesungs-
wege-und-strategien-fuer-ein-friedliches

Susanna Berndt

Wider die Unvernunft. Mögliche Lösungswege und Strategien für ein friedliches Zusammenleben in heterogenen Gesellschaften

GRIN Verlag

GRIN - Your knowledge has value

Der GRIN Verlag publiziert seit 1998 wissenschaftliche Arbeiten von Studenten, Hochschullehrern und anderen Akademikern als eBook und gedrucktes Buch. Die Verlagswebsite www.grin.com ist die ideale Plattform zur Veröffentlichung von Hausarbeiten, Abschlussarbeiten, wissenschaftlichen Aufsätzen, Dissertationen und Fachbüchern.

Besuchen Sie uns im Internet:

http://www.grin.com/

http://www.facebook.com/grincom

http://www.twitter.com/grin_com

Wider die Unvernunft

**Mögliche Lösungswege und Strategien
für ein friedliches Zusammenleben
in heterogenen Gesellschaften**

Dr. Dr. Susanna Berndt

September 2017

Inhaltsverzeichnis

Vorwort

Vom 2. bis 3. September 2017 fand in Ohlstadt das 1. Philosophicum Murnau statt mit dem Titel „Religion als Zeitbombe? Die destruktiven Potenziale religiöser Überzeugungen". Der vorliegende Beitrag basiert auf einem Vortrag, den ich dort am 3. September hielt. Seine Grundposition bezieht sich auf die Sichtweise der kritischen Philosophie. Sie ermöglicht es, ohne emotionale Aufladung und vor allem ohne ideologische Verzerrung einzelne Problemfelder zu analysieren und konkrete Strategien zu erarbeiten.

Es scheint als bildeten die derzeitigen Machtbestrebungen fundamentaler Islamisten nur den Auftakt für weitaus gefährlichere Szenarien. Nicht fanatische Gotteskämpfer alleine, auch ethnischer Nationalismus und rechtspopulistisches Ideengut bedrohen die humanistischen Errungenschaften der Moderne.

Wer im Rahmen dieses komplexen Problemfeldes die Präsentation einfacher Lösungen und schnell umsetzbarer Strategien erwartet, den muss ich leider enttäuschen. Gäbe es sie, wäre es wohl kaum möglich, Religionen als „Zeitbomben" zu missbrauchen.

Da keine Standardlösungen zur Verfügung stehen – auch wenn so manche populistische Partei sie gefunden zu haben glaubt – bedarf es langfristiger Strategien. Strategien, die dazu beitragen, ein dauerhaft friedliches Zusammenleben aller Mitglieder in unseren demokratischen, rechtsstaatlichen, an den Werten eines zeitgenössischen Humanismus orientierten, zunehmend heterogener werdenden Gesellschaften zu gewährleisten.

Die vorgestellten Lösungswege beziehen sich insbesondere auf die aktuelle Situation in den Mitgliedsstaaten der Europäischen Union zu Beginn des 21. Jahrtausends. Ob ihre Umsetzung in Betracht gezogen, und wenn ja, ob diese letztendlich von Erfolg gekrönt wird, hängt von der Bereitschaft jedes bestehenden und künftigen, jedes dauerhaften oder auch nur vorübergehenden Mitglieds unserer modernen multikulturellen Gesellschaften ab.

Dabei möchte ich darauf hinweisen, dass im Grunde natürlich jede Ideologie mit absolutem Wahrheitsanspruch eine Gefahr für die institutionelle Absicherung der Grund- und Menschenrechte darstellen kann. Indem es sich bei der Zielsetzung dieses Beitrages um das Aufzeigen möglicher Lösungswege und Strategien zur Entschärfung religiöser Zeitbomben handelt, wurde jedoch von einer direkten Bezugnahme auf beispielsweise politische Ideologien abgesehen.

Susanna Berndt, Rosenheim im September 2017

Einleitung

Ob ethnischer Nationalismus, rechtspopulistisches Ideengut oder offener Fremdenhass – dass die humanistischen Errungenschaften der Moderne kein feststehender Bestandteil im Weltbild westlicher Industriestaaten sind, lässt sich anhand vieler Beispielen belegen. Doch nicht nur politische Ideologien gefährden die freie Persönlichkeitsbildung und Selbstbestimmung des Einzelnen. Auch fundamentalistische Religionsgemeinschaften und fanatische Gotteskämpfer bedrohen verstärkt die innere Ordnung demokratischer Rechtsstaaten.

Wie die aktuellen Ereignisse zu Beginn des 21. Jahrtausends zeigen, tragen so gut wie alle großen Religionen – Hinduismus, Islam, Buddhismus, Judentum, Christentum – immer auch eine Art "Zeitbombe" in sich. Gemeint ist die über religiöse Glaubenssätze jederzeit zu aktivierende, höchste und intensivste Bereitschaft zu kriegerischen und gewalttätigen Auseinandersetzungen. Zudem erschwert der absolute Geltungsanspruch insbesondere monotheistischer Daseinsdeutungen selbst in demokratischen Rechtsstaaten vielerorts den Zugang zu einer naturalistischen, an den Erkenntnissen der Wissenschaft orientierten Weltsicht.

Doch nicht nur für die Wissenschaft, auch für einen zeitgenössischen Humanismus können religiöse Ideologien eine Bedrohung darstellen. Vor allem die Gewährleistung von Meinungs- und Glaubensfreiheit sowie der Gleichwertigkeit aller Menschen und ihrer sexuellen Selbstbestimmung wird vielerorts an den Pranger gestellt.

Welchen Beitrag kann nun die aufgeklärte Vernunft zu einer Entschärfung von religiösen Zeitbomben leisten? Auf welche Weise lassen sich die ethischen Fortschritte moderner demokratischer Gesellschaften in religiösen Lehren verankern? Welche Lösungswege bieten sich für ein friedliches Zusammenleben in den multikulturellen, immer heterogener werdenden Gesellschaften unserer rechtsstaatlichen Demokratien?

I. Hintergrundinformationen

Bevor ich auf mögliche Strategien und Lösungswege zur Entschärfung von religiösen Zeitbomben eingehe, möchte ich einen kleinen Einblick in ihre Hintergründe und Voraussetzungen geben – aus der Sicht einer Philosophin und Journalistin.

A. Weltbilder und ihre Daseinsdeutungen

Die Gegebenheiten und Ereignisse in der Welt lassen sich auf zwei verschiedene Arten deuten: Im Sinne einer wissenschaftsbasierten Daseinsdeutung oder im Sinne einer mythischen Weltanschauung.

1. Wissenschaftsbasierte Weltdeutung

Der offensichtlichste Unterschied zwischen beiden Weltanschauungen besteht in ihren jeweiligen Grundannahmen. Beispielsweise verzichtet das wissenschaftsbasierte Weltbild auf göttliche Mächte und metaphysische Prinzipien. Es weist eine größtenteils empirische Verankerung auf und es stützt sich auf experimentell bestätigtes Wissen. Dem wertfreien und neutralen Zufall kommt eine bedeutende Rolle zu. Ihn zu einer kalkulierbaren Größe zu machen, steht beispielsweise im Zentrum der Stochastik, einer zusammenfassenden Bezeichnung von Wahrscheinlichkeitstheorie und Statistik.

Albert Einstein bereitete die große Bedeutung des Zufalls wohl Unbehagen. Auf seine überlieferte Aussage, dass Gott nicht würfelt, soll der Physiker Niels Bohr gekontert haben, Einstein möge endlich aufhören, Gott Vorschriften zu machen. Die Bezugnahme auf Gott scheint allerdings bei beiden eine Weltsicht im Sinne des starken Naturalismus auszuschließen.

2. Die mythische Weltdeutung

Die mythische Weltdeutung schließt eine zusätzliche immaterielle Wirklichkeit ein. Transzendenten, spirituellen oder magischen Kräften und Wesen wird eine reale Existenz zugesprochen.

Indem sie die Fähigkeit haben, Einfluss auf die Welt der Menschen zu nehmen, besteht die Vorstellung, mit ihnen in Verbindung treten zu können. Sie eventuell sogar durch entsprechende Handlungen wohl zu stimmen oder ihre Energie zu nutzen. Insofern umschließt die mythische Weltdeutung alle religiösen Weltanschauungen.

Nicht nur der eigene Lebensweg, auch zufällige Ereignisse mit positiven wie negativen Folgen werden meist auf das Wirken einer Schicksalsmacht oder „Gottes unergründliche Wege" zurückgeführt. Ihre scheinbare Willkür folgt einem, dem Menschen verborgenen Ziel. Den neutralen, wertfreien, objektiven Zufall gibt es nicht.

3. Zur Relation zwischen wissenschaftsbasiertem und mythischem Weltbild

Über das Verhältnis von mythischer zu wissenschaftsbasierter Weltsicht herrscht nach wie vor Uneinigkeit. Bis zum heutigen Tage wird die Diskussion von zwei Grundkonzeptionen bestimmt: Zum einen jene von der Unvereinbarkeit des mythischen mit dem wissenschaftsbasierten Denken. Sie mündet entweder in einer Abwertung des Mythos, indem dieser als prälogisches Denken zu einer mangelhaften Vorstufe des „Logos", des rationalen Denkens degradiert wird; oder in einer Verklärung des Mythos, die ihn als authentischer und der „wahren" Welt näherstehend als die rein auf empirische Erkenntnisse vertrauenden Wissenschaften darstellt.

Zum anderen gibt es die Konzeption von der Komplementarität der beiden Weltanschauungen. Der Mythos wird als alternative Möglichkeit der Weltdeutung betrachtet, die sich in mancher Hinsicht besser zur Bewältigung von Emotionen eignet.

Über lange Zeit hinweg war es mythischen Weltbildern möglich, sämtliche Bereiche der menschlichen Lebenswelt nachvollziehbar zu deuten. Glaubenslehren boten und bieten neben bildhaften Beschreibungen leicht nachzuvollziehende Erklärungen, verständliche Analogien und oft einfache, auf den ersten Blick scheinbar rationale Lösungen für komplexe Probleme. Lösungen mit Handlungsanweisungen. Erst mit dem Erfolg der Naturwissenschaften wurde dieser Deutungshoheit weltweit in vielen Gesellschaften ein Ende bereitet.

Mit fortschreitender wissenschaftlicher Erkenntnis und entsprechender Bildung aller Gesellschaftsmitglieder verkleinert sich der Spielraum für mythische Anschauungen zunehmend. Ein solcher Prozess lässt sich in wissenschaftsorientierten demokratischen Gesellschaftssystemen zweifelsfrei nachweisen.

Die sozialen und politischen Verhältnisse zu Beginn des 21. Jahrhunderts zeigen jedoch, wie leicht und vor allem schnell es in Krisenzeiten zu einer Wiederbelebung längst überwunden geglaubter Daseinsdeutungen kommen kann. Zudem weisen aktuelle neurobiologische und sozialwissenschaftliche Untersuchungen darauf hin: Nicht nur die wissenschaftsbasierte, auch die mythische Weltanschauung scheint zur rationalen Daseinsdeutung des Menschen zu zählen. In beiden Fällen, so die Schlussfolgerung, handelt es sich um Formen zur rationalen Erschließung und Bewältigung der Erlebenswelt – so sehr sich ihre Methoden und Grundannahmen sowie ihre Auffassung von Rationalität auch unterscheiden mögen.

Ist also davon auszugehen, dass selbst in wissenschaftsorientierten Gesellschaften beide Anschauungsformen zur Anwendung kommen? Vielleicht, weil es Bereiche gibt, die mit wissenschaftlichen Methoden nicht fassbar zu sein scheinen? Bereiche die für viele Menschen eine so große Bedeutung haben, dass sie keinesfalls darauf verzichten wollen?

Dazu zählt in erster Linie wohl das Bedürfnis nach einer über den Naturgesetzen stehenden Macht. Ob als Gott oder Göttin, eine Schar von männlichen und weiblichen Gottheiten, als wirkmächtige Ahnen oder „beseelte" Natur ist sie der Garant für Ordnung, Sicherheit und – in den meisten Fällen – ausgleichende Gerechtigkeit.

Eine Ausnahme bildet etwa der Buddhismus. Ziel ist es, zu „erwachen", um den Zustand des Nirwana, die höchste Verwirklichungsstufe des Bewusstseins, zu realisieren. Der Weg dorthin erfordert ein Durchbrechen des leidvollen Kreislaufes von Geburt und Wiedergeburt. Zu vermeiden sind die drei Geistesgifte: Gier, Hass und Verblendung. Das Unvollkommene muss überwunden werden. Nicht nur das Befolgen ethischer Regeln, sondern vor allem Meditation und Achtsamkeit gehören zu den Voraussetzungen, um den Kreislauf zu durchbrechen und sich mit dem göttlichen Urgrund zu vereinen.

Doch in so gut wie allen anderen Religionen wird einer oder mehreren göttlichen Mächten die Fähigkeit zugesprochen, in die Geschicke der Menschen eingreifen zu können. So verwundert es nicht, dass über den Rückgriff auf archaische Formen der Daseinsbewältigung der Glaube besteht, sie durch magische / rituelle Handlungen möglicherweise zu beeinflussen und günstig zu stimmen. Ob Gebet, kulturelle Handlung oder Opfergabe – erwartet wird eine Besserung der momentanen Situation, vielleicht auch nur im Hinblick auf ein glückliches Leben nach dem Tod.

B. Religiöse Ideologien und ihr Gefahrenpotenzial

Ohne Zweifel bergen viele religiöse Glaubenslehren ein nicht zu unterschätzendes Gefahrenpotential. Wie die sozialen und politischen Verhältnisse zu Beginn des 21. Jahrhunderts zeigen, eignen sich vor allem monotheistische Religionen, um selbst in wohlhabenden und wissenschaftlich fortgeschrittenen Industrieländern die Gewaltbereitschaft ihrer Anhänger zu aktivieren.

Zudem erschwert der absolute Geltungsanspruch ihrer Daseinsdeutungen vielerorts den Zugang zu einer naturalistischen, an den Erkenntnissen der Wissenschaft orientierten Weltsicht. Dass er bis in die heutige Zeit zu einer Bedrohung für die Wissenschaft werden kann, zeigen die aktuellen Ereignisse in den USA. Religiöser Fanatismus und eine von wirtschaftlichen Interessen getragene Politik haben der Wissenschaft den Krieg erklärt, zumindest dort, wo wissenschaftliche Erkenntnis sich als unüberwindliche Hürde für die Durchsetzung ihrer Forderungen erweist.

Besonders prekär nicht nur für die Wissenschaft, sondern ebenso für einen zeitgenössischen Humanismus gestaltet sich die Situation in Staaten ohne organisatorische Trennung von Kirche und Staat sowie in Theokratien.

Es ist also nicht übertrieben, sicher nicht allen, aber doch sehr vielen religiösen Glaubenslehren ein erhöhtes Gefahrenpotential zuzuschreiben. Es macht sie zu Zeitbomben. Zeitbomben, deren Sprengkraft Gesellschaften spalten, soziale Ordnungen zerstören und Kriege auslösen kann.

Verstärkt wird dieses Gefahrenpotential, wenn Glaubenslehren auf heiligen Texten gründen, deren Aussagen einen so großen Spielraum für Interpretationen bieten, dass sie sich leicht instrumentalisieren lassen. Dies trifft insbesondere auf jene heiligen Texte zu, die Aufforderungen zu Gewalt und Unterdrückung enthalten und/oder einen absoluten Geltungsanspruch bei gleichzeitiger Diffamierung bzw. Dämonisierung anderer Glaubensrichtungen und/oder die explizite Forderung ihrer Verbreitung durch (auch gewaltsame) Bekehrung von Anders- oder Nichtgläubigen.

Trotz des hohen Gefahrenpotentials gelingt ein friedliches Zusammenleben von Anhängern unterschiedlicher Glaubensrichtungen in vielen Gesellschaften. Destruktiv werden religiöse Überzeugungen meist erst im Angesicht von als bedrohlich empfundenen Situationen. Um die einer Religion innewohnende „Zeitbombe" zu zünden, bedarf es somit gewisser Voraussetzungen:

1. Eine radikal-fundamentalistisch geprägte Gruppe oder Gemeinschaft mit eindeutiger, über die Religion legitimierter Botschaft, klaren Zielsetzungen sowie den notwendigen finanziellen und logistischen Mitteln.

2. Ein entsprechender Nährboden, etwa instabile politische Verhältnisse, unzureichende Rechtsstaatlichkeit, ökonomische Krisen, soziale Ungerechtigkeit oder der Zerfall der sozialen Ordnung. Einen guten Nährboden kann auch die emotionale Verfasstheit sich zusammenschließender Einzelner in einer Gesellschaft darstellen, wenn sie beispielsweise beherrscht wird von der Angst vor sozialen und kulturellen Veränderungen durch die Ausbreitung einer fremden Weltanschauung oder vor einer Bedrohung (auch scheinbaren) des bisherigen Lebensstandards, von übermäßigen

Gefühlen der Ohnmacht und Orientierungslosigkeit, von unterdrückter Wut über dauerhafte Zurückweisung und fehlende Anerkennung oder von Verzweiflung aufgrund einer fehlenden Lebensperspektive.

3. Eine genügend große Anhängerschaft mit einer wachsenden Anzahl von zu allem bereiten Mitgliedern. Um Menschen zu einem freiwilligen Beitritt zu bewegen, bieten viele fundamentalistische Glaubenslehren unter anderem folgende Anreize:

- glorifizierte Zukunftsdarstellung nach Erreichen der gesetzten Ziele;
- Aussicht auf verbesserte Lebensverhältnisse;
- Heilsversprechen;
- einheitliche Daseinsdeutung: Ein Reich, ein Gott, ein Gesetz mit festgelegten Geboten und Verboten, ein Strafrecht;
- Orientierung: Jedes Mitglied hat seinen festen Platz und Status mit vorgegebenen Verhaltensregeln und Handlungsanweisungen;
- Vergebung „sündhaften" Verhaltens;
- Generalabsolution für vergangene und künftige schuldhafte Vergehen – ein Blick in die Vergangenheit genügt, um die Stärke dieses Versprechens gebührend einzuschätzen;
- Verherrlichung und Sanktionierung von Gewalt durch Berufung auf einen göttlichen Auftrag.

Um wirkungsvolle Strategien für die Entschärfung religiöser Zeitbomben zu entwickeln, ist es auch notwendig, sich ein Bild über die Methoden und Mittel ihrer Drahtzieher zu verschaffen. Mittel zum Zweck sind unter anderem charismatische Redner, Print- und Online-Medien, soziale Netzwerke und Direktversender von Nachrichten an Smartphone-Nutzer.

Eine beliebte Methode, Anhänger zu generieren, stellt dabei die mentale Beeinflussung dar, beispielsweise durch Hetzreden, einseitige Informationsweitergabe, Fake News, Diskreditieren von Gegnern und Kritikern – etwa durch Unterstellung persönlicher Motive – sowie die Präsentation eines „Sündenbockes".

Zur Sicherung von bedingungslosem Gehorsam und unkritischem Glauben zählen psychologische Manipulationen (emotionaler Stress, Erniedrigung, Belohnung und Strafe...),

Bewusstseinskontrolle (Drogen, Chemikalien, Elektroschocks...) und Gewalt, Erpressung, Folter.

Terroranschläge eignen sich insbesondere, um Aufmerksamkeit zu erhalten und Macht zu demonstrieren. Die Organisation IS (Islamischer Staat), auch als ISIS (Islamischer Staat im Irak und in Syrien) oder ISIL (Islamischer Staat im Irak und der Levante) bekannt, nutzt sie zudem zur „Ausmerzung der Grauzone": Terroranschläge im Westen sollen die dort lebenden Muslime zur Stellungnahme zwingen. Entweder sie schließen sich dem Westen an und werden Ungläubige. Oder sie schließen sich dem IS an und werden wahre Gläubige. Auch hofft der IS auf Überreaktionen der westlichen Behörden, indem Muslime unter Generalverdacht gestellt werden – mit der Folge, dass diese sich zurückgewiesen fühlen und letztendlich von der westlichen Gesellschaft abwenden.

Seine Propaganda verbreitet der IS über Hochglanzmagazine, soziale Netzwerke und Onlineplattformen sowie über Videos, Audiomaterial, Fotos und Berichte, die von einem Online-Nachrichtensofortversand (Instant Massaging) an Smartphone-Nutzer übermittelt werden. Neben der Rekrutierung und Mobilisierung neuer Kampfkräfte dient die Propaganda als Motivationsquelle für im Westen agierende Terrorgruppen sowie für Einzeltäter, deren Anschläge als sogenannte Lone-Wolf Attacks bezeichnet werden.

Den größten Anreiz für Muslime, sich mit dem IS einzulassen, stellt vermutlich die Aussicht auf das Leben in einem Kalifat dar. Der Kalif gilt als Nachfolger oder Stellvertreter des Propheten Mohammed und ist somit das politische und religiöse Oberhaupt aller Muslime. Seine Aufgabe ist es, dafür zu sorgen, dass zwischen den Provinzen des Kalifats ein Finanzausgleich zugunsten der ärmeren Regionen stattfindet sowie eine gerechte Verteilung der Ressourcen des Kalifats an alle „wahren" Gläubigen. Wird ein Kämpfer getötet oder inhaftiert, erhält seine Familie Sozialleistungen: Krankenversicherung, Heiratsbeihilfen und Unterstützungszahlungen. Die Angst vor dem Tod mildert zusätzlich die Auffassung, dass jeden, der bereit ist, für seinen Glauben zu sterben, alle Freuden des Paradieses erwarten – niemand sonst kann sich dessen sicher sein.

II. Mögliche Lösungswege

Gewalt erzeugt Gegengewalt. Jede Form von Gewalt. Auch die Demütigung, die Zurückweisung, die Ausgrenzung. Im Sinne der kritischen Philosophie argumentiere ich daher unter Berufung auf Annahmen und Aussagen von beispielsweise Karl Raimund Popper und Bertrand Russel:

- gegen alle Formen des ideologischen Denkens,
- gegen negative Feindbilder,
- gegen unvernünftige Vorurteile,
- gegen Demagogen in der Politik,
- gegen die Abwertung und gegen die Ausgrenzung des Fremden.

A. Mögliche Lösungswege auf nationaler Ebene

Im Rahmen einer kritisch-rationalen Sichtweise des Problemfeldes bieten sich auf nationaler und lokaler Ebene folgende Lösungswege an:

1. Wertfreie Religionskunde und neutraler Ethikunterricht

Wir alle wissen, wie schwer es ist, alte Gewohnheiten zu ändern. Das gilt auch für die Art und Weise, wie wir unsere Lebenswelt gestalten, unser Dasein interpretieren oder andere Menschen bewerten. Ihre Grundform wird geprägt durch das soziale Umfeld, in dem wir aufwachsen. Als junge Menschen lernen wir, unsere Umgebung mit den Augen unserer Mitmenschen zu sehen, sie auf ihre Art zu deuten und zu handhaben. Unser anfängliches Weltbild beruht auf Sozialisierungsprozessen: der Anpassung an die Wertvorstellungen und Verhaltensnormen jener Gesellschaft, in der wir aufwachsen. Erst später wird für uns erkennbar, dass es auch andere Möglichkeiten gibt, seine Lebenswelt zu deuten und zu gestalten.

Eine religiös fundamentalistisch geprägte Weltanschauung des sozialen Umfeldes beeinträchtigt die freie Persönlichkeitsbildung. Das kompromisslose Festhalten an ideologischen Grundsätzen blockiert die Hinwendung zu einer individuellen Daseinsdeutung.

Zwar lassen sich Prägungen und Einflüsse durch das unmittelbare Umfeld in den ersten Lebensjahren kaum verhindern. Je früher Kinder im Rahmen einer neutralen Religionskunde mit der Vielfalt religiöser Lehren konfrontiert werden, umso eher haben sie die Möglichkeit, zu verinnerlichen, dass verschiedene Glaubenslehren gleichwertig und friedlich nebeneinander existieren können.

Zudem sollten sie mit den demokratischen Werten des Zusammenlebens vertraut gemacht werden. Auch um zu erkennen, dass es gemäß der europäischen Verfassung nicht nur jedem freigestellt ist, welcher Religionsgemeinschaft er sich anschließen möchte, sondern ebenso, eigene Vorstellungen zu entwickeln oder eine naturalistische Weltsicht zu wählen.

Im Zentrum des Ethikunterrichtes steht die Internalisierung zeitgenössischer humanistischer Werte mit Berufung auf die Vernunft als universale und allgemein gültige Urteilsinstanz. Ein weiteres Ziel besteht in der Vorbeugung gegen eventuelle Abspaltungen, Ausgrenzungen und Sonderstellungen aufgrund unterschiedlicher Religionszugehörigkeiten oder agnostischer und atheistischer Weltanschauungen.

Langfristig wäre es sinnvoll den Religionsunterricht durch die Fächer Religionskunde und Ethik zu ersetzen, um absolute Geltungsansprüche einer Religionslehre zu relativieren und die kulturellen Lernprozesse durch eine zeitgemäße humanistische Bildung zu unterstützen.

Religionsunterricht im klassischen Sinne könnte an den Schulen als Wahlfach angeboten werden. Nicht während des regulären Unterrichts, sondern beispielsweise im Anschluss daran, nachmittags oder am Wochenende. Voraussetzung für die Zulassung als Religionslehrer jeglicher Glaubensrichtung sollte die Ausbildung an einer staatlichen Universität oder Pädagogischen Hochschulen sein sowie ein Gelöbnis auf die Verfassung und das Grundgesetz.

2. Tragbare Integration durch Berücksichtigung der „drei Dimensionen"

Eine gelingende, die Stabilität der inneren Ordnung nicht gefährdende Aufnahme „fremder" Personengruppen – sei sie nun befristet oder dauerhaft – hängt von verschiedenen Faktoren ab. Zu beachten sind, grob vereinfacht, drei Dimensionen:

1. Die räumliche Dimension betrifft den zur Verfügung stehenden Siedlungsraum.

2. Die wirtschaftliche Dimension umfasst die vorhandenen Ressourcen und den ökonomischen Nutzen, wenn beispielsweise ein Bedarf an Arbeitskräften besteht.

3. Die kulturelle Dimension bezieht sich auf die soziale Ordnung, darunter fallen etwa Wertvorstellungen und Daseinsdeutungen.

Alle drei Dimensionen weisen darauf hin, dass die Aufnahmefähigkeit jeder Staatengemeinschaft begrenzt ist. Doch wo sind diese Grenzen anzusetzen? Im Sinne des kritischen Rationalismus nach K. R. Popper gilt es, das rechte Maß zu finden. Im ständigen Diskurs und unter Einbeziehung aller drei Dimensionen sollte es möglich sein, einen Konsens zwischen Befürwortern und Gegnern von Einwanderungsbeschränkungen zu erwirken. Erst in der Auseinandersetzung mit allen Positionen können brauchbare, „maßgeschneiderte" Konzepte entwickelt werden, die für die gesamte Gesellschaft tragbar sind.

3. Erwachsenenbildung

Niemand möchte mit den Gesetzen eines Staates in Konflikt geraten. Wer beispielsweise in Singapur ein Verpackungspapier achtlos wegwirft, muss eine hohe Geldstrafe bezahlen. Wem eine Lüge nachgewiesen wird, der erhält zur Züchtigung Prügel mit dem Rohrstock auf das entblößte Gesäß – letzteres gilt allerdings nur für Männer. In Thailand kann eine abfällige Bemerkung über den König schnell ins Gefängnis führen. In Saudi Arabien sind beleidigende Äußerungen über Gott oder den Propheten Mohammed sogar im wahrsten Sinne des Wortes lebensgefährlich. Es droht die Todesstrafe.

Doch sind es nicht nur die Gesetze eines Landes, die selbst bei unwissentlicher Übertretung unangenehme Konsequenzen nach sich ziehen können. Wer – aus welchen Gründen auch immer – beschließt, sich vorübergehend oder auf Dauer in einem anderen Staat niederzulassen, sollte in jedem Fall ausreichende Kenntnisse über die staatliche Grundform erwerben. Im Falle Deutschlands die parlamentarische Bundesrepublik; verfasst als freiheitlich-demokratischer und sozialer Rechtsstaat.

Demokratisch, liberal, rechtsstaatlich... diese und andere mit einer Staatsform verbundenen Begriffe gehen einher auch mit bestimmten Rechten und Pflichten für den Einzelnen. Für ein friedliches Zusammenleben ist es unabdingbar, ihre Bedeutung zu kennen.

Von Bedeutung sind zudem die so genannten ungeschriebenen Gesetze. Es handelt sich um soziale Normen und moralische Wertvorstellungen. Sie sind weitaus schwieriger zu erfassen und zu vermitteln, schon weil sie oft nicht einmal innerhalb eines Staates allgemeine Gültigkeit besitzen. Dies zeigt sich etwa darin, was als schicklich gilt und was nicht, worüber gelacht wird (oder werden darf) und worüber nicht. Wie aber lassen sich solche Grundlagen und erwünschten Verhaltensweisen nachhaltig vermitteln? Und ist es überhaupt möglich, moralische Wertvorstellungen dauerhaft zu verändern? Würde dies nicht auch eine Erschütterung des bisherigen Weltbildes nach sich ziehen – mit allen eventuellen Folgen? Darunter eben auch der Aktivierung einer religiösen Zeitbombe.

Genau hier sollte die Erwachsenenbildung ansetzen. In erster Linie geht es um geeignete Integrationsmaßnahmen und ein umfangreiches staatlich finanziertes Bildungsangebot. Es geht um Aufklärung und Information – mit dem Ziel, jedem Bewohner ein friedvolles und erfülltes Leben zu ermöglichen. Grundvoraussetzung ist dabei die Beherrschung der Sprache.

Das Erlernen der Sprache eines Landes bietet nicht nur den Vorteil, sich besser zurechtzufinden, sondern, und dies ist vermutlich von viel größerer Bedeutung, die Mentalität seiner Bewohner kennenzulernen. Sprache ist viel mehr als nur ein Kommunikationsmittel. Sie ist auch der Träger von Emotionen. Ich kann durch sie nicht nur Kund tun, was ich will, sondern auch, warum. Eben nicht nur meine materiellen Bedürfnisse, sondern zusätzlich meine emotionale Verfasstheit. Beobachtung alleine genügt nicht, um die ungeschriebenen Gesetze einer Gesellschaft, ihre Verhaltensregeln und Handlungsweisen zu verstehen. Erst über ihre Sprache lässt sich eine Kultur begreifen. Vielleicht nicht vollständig, aber doch in großen Teilen.

Politische Bildung mit Bezug auf die konstitutionellen Staatssysteme in der Europäischen Union könnte bereits im Rahmen der Sprachkurse erfolgen. Ein Sprachlehrer hätte die Möglichkeit Vorträge beispielsweise von Referenten aus der Philosophie, Sozial- und Politikwissenschaft zu übersetzen. So ließen sich unter anderem Kenntnisse vermitteln über:
- die sozialen Richtlinien,
- die Bedeutung der Menschenrechte,
- die Merkmale moderner Demokratien mit Rechtsstaatlichkeit.

Weiterführende Diskussions- und Arbeitsgruppen bestehend aus Anhängern unterschiedlicher Weltanschauungen eignen sich, um den Dialog der Kulturen voranzutreiben und demokratische Grundwerte zu vermitteln. Zu den Voraussetzungen zählt ein im Rahmen der Kulturwissenschaften gut ausgebildeter Moderator.

Um dem Europarat beizutreten, muss ein Staat die Europäische Menschenrechtskonvention unterzeichnen und ratifizieren. Sie enthält einen Katalog von Grundrechten und Menschenrechten, deren Umsetzung und Einhaltung vom Europäischen Gerichtshof für Menschenrechte überwacht wird. Diese Menschenrechtskonvention bildet die Basis und ist der Garant für die Möglichkeit der freien Persönlichkeitsbildung, Selbstbestimmung und Selbstverwirklichung jedes einzelnen Mitgliedes in der Europäischen Union – oder sollte es zumindest sein.

Von Bedeutung ist es, zugunsten eines liberal-demokratischen, am zeitgenössischen Humanismus orientierten Politikverständnisses die Abkehr von einem ursprünglich autoritären und repressiven zu erwirken. Dabei sollte deutlich darauf hingewiesen werden, dass liberal nicht gleichzusetzen ist mit anarchisch.

Ganz abgesehen von den formellen und materiellen Gesetzen – erlaubt ist nicht alles, was gefällt: freizügig bedeutet nicht frei verfügbar, Freundschaften zwischen Männern und Frauen sind nicht anstößig und wer zu seinen Eltern eine Beziehung auf Augenhöhe aufgebaut hat, ist nicht respektlos... um nur einige wenige Beispiele zu nennen.

Ein weiterer Grundsatz, besteht darin, dass wer staatliche Unterstützung erhält – in Form von Sozialleistungen wie Kinder- oder Arbeitslosengeld, aber eben auch von politischem Asyl – verpflichtet ist, sich an gewisse Auflagen zu halten. Ein Grundsatz, den, wie ich anmerken möchte, selbst einige Staatsbürger in der EU nicht ernst genug nehmen.

4. Berufliche Aus- und Fortbildungen

Staat, Länder und Gemeinden sind gefordert, ein breit aufgestelltes Angebot für den Erwerb einer beruflichen Qualifikation anzubieten. Es sollte Grundausbildungen im Bereich handwerklicher Tätigkeiten ebenso enthalten wie Fortbildungen zum Facharbeiter.

Zwar sind die Kosten nicht zu unterschätzen. Doch wer zur Untätigkeit gezwungen wird, ist wesentlich anfälliger, in die Fänge beispielsweise religiös-fundamentalistischer Gruppierungen zu geraten. Anerkennung, Wertschätzung und ein ausgefüllter Wochenplan bieten vermutlich die beste Grundlage, einer negativen Beeinflussung von Außen vorzubeugen – dies gilt im Übrigen nicht nur für Asylbewerber.

Einen zugegeben sehr kleinen Schritt in die richtige Richtung weist da eine am 1. Januar 2016 in Deutschland in Kraft getretene Gesetzesänderung: Personen mit Duldung, einer humanitären Aufenthaltserlaubnis oder einer Aufenthaltserlaubnis aus familiären Gründen erhalten nunmehr nach 15 Monaten Aufenthalt in Deutschland Zugang zu Ausbildungsförderungen – zuvor waren es vier Jahre.

Nicht unbeachtet lassen möchte ich in diesem Zusammenhang folgendes Gegenargument: Die Öffnung von Integrationskursen und Ausbildungsmöglichkeiten sowie des Arbeitsmarktes für Geduldete und Asylantragssteller erleichtert den Zugang in die Sozialsysteme und verstärkt somit den Anreiz, in Deutschland um Asyl anzusuchen. Insgesamt zeigt sich jedoch, dass im Rahmen der Zuwanderungspolitik ein möglichst weitgehender Anspruch auf gleiche Teilhabe auch sozialpolitisch sinnvoll sein kann.

Wer einer legalen Arbeit nachgeht, entrichtet neben der Einkommenssteuer auch Sozialabgaben. Und wer seinen Lebensunterhalt selbst verdient, wer Anerkennung erfährt und Wertschätzung durch die Umgebung, der integriert sich nicht nur besser in eine Gesellschaft, sondern ist eher bereit, ihre Weltsicht zu akzeptieren, wenn nicht gar zu verinnerlichen.

5. Abbau von Vorurteilen und Verallgemeinerungen

Neben der Bereitschaft, seine bisherige Weltanschauung zu erweitern, bedarf es vor allem einer toleranten Grundhaltung. Die Grenzen der Toleranz variieren jedoch von Mensch zu Mensch, von Gruppe zu Gruppe, von Gesellschaft zu Gesellschaft. Oft sind es Vorurteile, die einen offenen Umgang mit anderen Menschen behindern.

Bei einem moralischen Vorurteil handelt es sich um eine von vornherein feststehende, nicht durch Erfahrung erworbene, sondern unkritisch übernommene Einstellung gegenüber einer Person, Gemeinschaften oder Sachverhalten. Vorurteile erleichtern den Umgang mit Ängsten. Indem sie vorgeben, auf einer allgemein gültigen Wahrheit zu beruhen, ersparen sie dem Einzelnen eine kritische Auseinandersetzung und begünstigen so eine (vor-) schnelle Entscheidungsfindung. Für den Einzelnen bedeutet dies emotionale Entlastung. In Bezug auf negative Vorurteile aber auch Erhöhung des Selbstwertgefühls auf Kosten anderer sowie eine Rechtfertigung für diskriminierende Ansichten und Handlungen.

Die Angst vor übermäßigen, als schädlich bewerteten Fremdeinflüssen („Überfremdung") auf die eigene Lebenswelt stellt die Grundlage für die Behauptungen rechtskonservativer Populisten in Europa dar:

- Zu viele (vor allem nichtchristliche) Zuwanderer bewirken aufgrund ihrer Weigerung, sich anzupassen, eine Veränderung der bestehenden, nationalen (und christlichen) Kultur.
- Durch Familiennachzug und Kinderreichtum steigt ihre Zahl ständig an.
- In Folge drohen Zwangsbekehrungen, der Verlust von Traditionen und letztendlich der eigenen Identität.

Bestärkt werden die Vorurteile gegenüber Menschen mit einem anderen kulturellen Hintergrund durch einseitige oder fiktive Berichte in rechtskonservativen sozialen Netzwerken beispielsweise über geschändete Altäre in christlichen Kirchen. Doch können Vorurteile überwunden werden, etwa durch die eingehende Beschäftigung mit der Faktenlage. Um sie mit dem Konzept der Menschenrechte zu versöhnen, sie umzuwandeln oder abzubauen bedarf es: umfangreicher Informationen, der Bereitschaft, die eigene Einstellung kritisch zu hinterfragen und neuer positiver Erfahrungen.

Ein erster, entscheidender Schritt auf dem Weg zu einer offenen und toleranten Weltsicht erfordert daher, sich die eigenen Vorurteile bewusst zu machen und Korrekturen zuzulassen.

Negative Assoziationen können durch positive ersetzt werden. Ob Sportverein, Kochkurs, Musik- oder Wandergruppe – die Teilhabe einer heterogenen Menge an lokalen Veranstaltungen, den Aktivitäten unpolitischer und nicht-religiöser Vereine, oder an profanen Festen und Feierlichkeiten wie einem Stadtfest fördert die gegenseitige Akzeptanz und Wertschätzung. Sie unterstützt die Einbindung des „Fremden" in die Gesellschaft. Negativen Vorurteilen wird durch gemeinsame Freizeitgestaltungen der Nährboden entzogen.

6. Maßnahmen zur Gewaltprävention

Wie lässt sich die mentale Beeinflussung über das Internet oder über charismatische Akteure insbesondere von Jugendlichen vermindern? Zu den Tatsachen zählt:

- Online-Suchmaschinen liefern an vorderster Stelle nicht unbedingt die besten und für eine neutrale Meinungsbildung optimalen Ergebnisse;
- manipulierende Nachrichtenseiten streuen unter dem Deckmantel neutraler Berichterstattung bewusst Falschmeldungen;
- Zitate und Bildmaterial aus seriösen Medien werden in einem neuen Kontext präsentiert;
- Instant Massaging, soziale Netzwerke und andere Online-Plattformen werden von rechtspopulistischen oder fundamental-religiösen Gruppierungen verstärkt genutzt, um neue Mitglieder zu rekrutieren;
- öffentliche oder im Rahmen von intimeren Versammlungen vorgetragene Hetzreden verunsichern die Allgemeinheit und lassen die Wirklichkeit aller Vernunft zum Trotz in einem sehr eingeschränkten Blickfeld sehen.

Eine Möglichkeit, die Beeinflussung über das Internet zu vermindern, besteht in der Stärkung des kritischen Bewusstseins von Jugendlichen und Erwachsenen durch Vermittlung von Informationskompetenz und Quellkritik. Informationen müssen vor einer Akzeptanz ihrer Inhalte überprüft werden: auf ihre Quelle, auf die Fakten (gerade wenn Texte auf verschiedenen Seiten in ähnlicher Aufmachung oder gar im gleichen Wortlaut wiedergegeben werden ist meist Vorsicht geboten), auf den Ursprung des Bildmaterials, das auch anderen Kontexten entstammen kann, auf ihre Aktualität.

Eine weitere Möglichkeit bietet die (Re-)Sozialisierung von gewaltbereiten Jugendlichen und Erwachsenen durch Einbindung in profane, unpolitische und nicht-religiöse Vereine sowie bei Bedarf psychologische Therapiegruppen.

Zur Gewaltprävention beitragen könnte auch eine verstärkte staatliche Kontrolle von rechtspopulistischen oder fundamental-religiösen Gruppierungen, um öffentliche Aufrufe zu Gewalttaten, Hassreden und volksverhetzende Parolen zu unterbinden; der Online-Medien und -Plattformen sowie von sozialen Netzwerken und anderen über das Internet genutzten Informationsvermittlungen; durch die Überwachung von Privatpersonen und Gruppen. Sie ist in Rechtsstaaten im Allgemeinen durch strenge Vorschriften geregelt.

Zu den bisherigen Maßnahmen für eine präventive Verbrechensbekämpfung zählt:

INDECT: Das im 7. Forschungsrahmenprogramm der Europäischen Kommission geförderte Projekt war auf fünf Jahre angelegt und wurde 2009 gestartet. Über die Nutzung von Daten unter anderem von Überwachungskameras und der Telekommunikationsüberwachung sowie aus sozialen Netzwerken sollte „abnormes" Verhalten von Einzelpersonen oder Gruppen frühzeitig erkannt werden. Im Vordergrund stand die Automatisierung des Auswertungsprozesses vielfältiger Datenquellen und eine fundierte Entscheidungsfindung aufgrund bestmöglicher Eliminierung „menschlicher Fehler". Wie es scheint, überzeugten die Ergebnisse. Die Automatisierung der Überwachung des öffentlichen Raumes und die Software basierte Auswertung offener Quellen im Internet haben längst Einzug gehalten in die Lebenswelt moderner Gesellschaften.

Netzwerkdurchsetzungsgesetz: Am 30. Juni 2017 wurde vom deutschen Bundestag als Maßnahme gegen Hass, Hetze und gezielte Falschmeldungen ein durchaus umstrittenes Gesetz verabschiedet. Es betrifft die Betreiber großer sozialer Netzwerke. Sie müssen unter Berücksichtigung eines Straftatenkatalogs offensichtlich rechtswidrige Inhalte innerhalb von 24 Stunden löschen oder sperren, sonst drohen hohe Bußgelder. Bei komplexeren Fällen, die eine kontext-bezogene Bewertung erfordern, ist die Abgabe der Entscheidung an eine staatlich zugelassene Einrichtung der regulierten Selbstregulierung möglich. Die Gründung, Ausstattung und Betreibung dieser Einrichtung hat jedoch durch den Betreiber des Netzwerkes zu erfolgen.

Kritik kommt unter anderem von David Kaye, dem Sonderbeauftragten der Vereinten Nationen für den Schutz der Meinungsfreiheit. Er beanstandet, dass Netzwerk-Betreiber aufgrund der hohen Bußgelddrohungen und kurzen Prüffristen genötigt seien, auch möglicherweise rechtmäßige Inhalte zu löschen. Dies stelle einen Eingriff in Meinungsfreiheit und Privatsphäre dar. Denn gemäß UN-Zivilpakt darf eine Entscheidung über Einschränkungen der Meinungsfreiheit nur von neutralen und unabhängigen Organisationen getroffen werden.

Weitaus mehr staatliche Kontrolle zur Regulierung des Internets wünscht sich die britische Premierministerin Theresa May. Nach den Anschlägen in London Anfang Juni 2017 plädierte sie für verpflichtende Abkommen, die Betreiber von sozialen Netzwerken, Internet-

Suchmaschinen, Kommunikationsplattformen, Mikroblogging- und Instant Massaging-Diensten zur Zusammenarbeit mit Regierungen und Geheimdiensten zwingen.

Angesichts solch umfangreicher staatlicher Überwachung und Zensur für mehr Sicherheit stellt sich die Frage: Wie viel Privatsphäre bleibt dem Nutzer von Smartphone, Notebook und Co? Jedes Mehr an Sicherheit geht nicht nur zu Lasten der persönlichen Freiheit. Es birgt auch diverse Risiken, darunter:

- Fehlentscheidungen durch Fehlidentifikation der Personen oder Fehlinterpretation der Daten;
- Zweckentfremdung oder Missbrauch der Daten;
- Willkürliche Überwachung ohne Verdacht oder Anlass;
- Anonyme Beschuldigungen und Vorwürfe;
- Hervorbringen eines Denunziantentums;
- Repressives Potenzial für totalitäre Regierungssysteme;
- Förderung von Misstrauen.

7. Intensive psychologische Betreuung von Flüchtlingen

Insbesondere unter den allein reisenden Minderjährigen bedürfen viele aufgrund der Erfahrungen, die sie in ihrem Heimatland und während ihrer Flucht machten, einer ausführlichen psychologischen Betreuung. Manche wurden vielleicht als Kindersoldaten ausgebildet, töteten Menschen oder sahen anderen beim Töten zu. Einige erlebten die Ermordung nahestehender Verwandter oder standen hilflos daneben, als diese während der Flucht den Strapazen erlagen. Und sie alle mussten ihr bisheriges Leben zurücklassen, wurden zumindest bis auf weiteres von ihren Familien getrennt.

Hierzulande erhalten Kinder eine Therapie, wenn sie von anderen gemoppt wurden, oder ein Lehrer, Trainer, Erziehungsberechtigter posttraumatische Belastungsstörungen verursachte. Ist es dann nicht eine logische Konsequenz minderjährigen Flüchtlingen dieselbe Chance auf Wiederherstellung des emotionalen Gleichgewichtes zu ermöglichen? Auch unverarbeitete Traumata können folgenschwere Zeitbomben sein. Sie zu entschärfen erfordert Zeit, professionelle Betreuung und vor allem viel Verständnis aus dem gesamten Umfeld.

Grundsätzlich trifft dies natürlich ebenso für erwachsene Flüchtlinge zu. Wenngleich die meisten von ihnen aufgrund ihrer Erfahrungen und erworbenen

Daseinsbewältigungsmechanismen bis zu einem gewissen Grad oder je nach Konstitution selbst die eigene Existenz bedrohende Erlebnisse vollständig verarbeiten können.

Ob oder inwieweit eine krankhafte Beeinträchtigung der Wahrnehmung vorliegt, sollte jedoch von ausgebildeten Fachkräften überprüft werden. Beeinträchtigungen betreffen das Sozialleben und die persönliche Gefühlswelt mit allen umfassenden Implikationen sowie eventuellen somatischen Beschwerden. Können psychische Störungen im Rahmen der Klassifikation der ICD (Internationale statistische Klassifikation der Krankheiten und verwandter Gesundheitsprobleme) ausgeschlossen werden, bieten sich für die Verarbeitung des Erlebten staatlich finanzierte philosophische und psychologische Beratungsgespräche an – am besten in Form von Gruppensitzungen. Ohne professionellen Dolmetscher setzt die Inanspruchnahme einer solchen Dienstleistung das Absolvieren eines Sprachkurses voraus.

B. Mögliche Lösungswege auf internationaler Ebene

Auch auf internationaler und globaler Ebene bieten sich im Rahmen einer kritisch-rationalen Sichtweise des Problemfeldes mögliche Strategien und Lösungswege an.

1. Stärkung internationaler demokratischer Institutionen

Von Bedeutung wäre etwa die Stärkung internationaler demokratischer Institutionen. Die institutionelle Absicherung des größtmöglichen Freiheitsgrades des Einzelnen stellt das wichtigste Charakteristikum für die Unantastbarkeit der Grundwerte offener, demokratischer Gesellschaftssysteme dar. Dabei kommt vor allem der Anerkennung von Menschenwürde und Toleranzprinzip zur Sicherstellung der Glaubens-, Meinungs- und Gewissensfreiheit große Bedeutung zu.

Ob Organisationen der Vereinten Nationen (UN) oder der Europäischen Union (EU) – indem wir internationale demokratische Institutionen, das internationale Völkerrecht, die internationalen Gerichtshöfe stärken, erhöhen wir die Chance auf eine Verbreitung der an einem zeitgenössischen Humanismus orientierten Werte.

2. Verbesserung der Lebensbedingungen in den Herkunftsländern

Niemand wird freiwillig in ein Land zurückkehren, in dem die Sicherheit der eigenen Existenz oder die Befriedigung der existentiellen Lebensbedürfnisse bedroht bzw. nicht gegeben sind. Auch wenn die Genfer Flüchtlingskonvention für den letztgenannten Fall, also die sogenannten Wirtschaftsflüchtlinge, nicht gemacht wurde, ist eine Abschiebung in die „Heimat" in solchen Fällen ethisch kaum vertretbar.

Eine der Hauptursachen für Migrationsbewegungen dürfte neben den dem Klimawandel geschuldeten Naturkatastrophen wohl die rücksichtslose Ausbeutung von Land und Leuten sein. Dies betrifft zu einem nicht unwesentlichen Teil das Konsumbedürfnis und die Auswirkungen der freien, aber auch sozialen Marktwirtschaft wohlhabender und aufstrebender Industriestaaten. Stellen „Asylanträge" von Wirtschaftsflüchtlingen also tatsächlich einen Missbrauch der Genfer Konvention dar?

Die Europäische Union durch militärische Absicherung ihrer Außengrenzen zu einer „Insel der Glücklichen" zu machen und Bedürftige entweder in das Elend, dem sie zu entrinnen suchen, zurückzuschicken oder in Auffanglager außerhalb der EU, auf deren Modalitäten kein Einfluss möglich ist, entspricht sicher nicht den moralischen Grundsätzen eines zeitgenössischen Humanismus.

Um übermäßige Aufnahmen von Flüchtlingen zu vermeiden, bleibt wohlhabenden Staaten somit nur die Möglichkeit, zu einer Verbesserung der Lebensbedingungen in den Herkunftsländern beizutragen, beispielsweise durch Unterstützung der ökonomischen Verhältnisse:

- im Agrarbereich, etwa durch den Bau von Brunnen oder Wasseraufbereitungsanlagen, das Bereitstellen von Vieh sowie von zur vegetativen und generischen Vermehrung geeignetem Saatgut...;
- im Bildungsbereich durch die Ausbildung von einheimischem Lehrpersonal und Fachkräften, durch die Errichtung von Schulen und Ausbildungsstätten...;
- im industriellen Bereich durch die Übermittlung von Know-how zur Verarbeitung vorhandener Ressourcen, durch die Versorgung mit Maschinen...;

Ein vernünftiger Schritt wäre zudem die Durchsetzung verbindlicher internationaler Richtlinien für einen fairen Handel sowie die Förderung von seriösen „nachhaltigen" Projekten in Ländern, die der Armut aufgrund natur- oder menschenverursachter Katastrophen, zu denen auch der Krieg zu rechnen ist, kaum entrinnen können.

Nicht außer Acht gelassen werden sollte zudem die Bekämpfung von Gier und Korruption der Regierungsmitglieder in den jeweiligen Fluchtländern. Doch inwieweit ist eine Einmischungen in die inneren Angelegenheiten eines Staates zulässig? Ein Wechsel der Regierungspartei oder eine Veränderungen der Regierungsform sollte immer von den Bürgern des betreffenden Staates getragen werden. Meiner Meinung nach schließt dies in den meisten Fällen militärische Interventionen aus. Der Fokus müsste stattdessen auf neutraler Informationsvermittlung, Bildungsmaßnahmen, Aufklärung – und eventuell Sanktionen liegen. Die Sanktionen sollten jedoch nicht zu Lasten der Bevölkerung gehen, sondern die sich bereichernden Regierungsmitglieder direkt betreffen.

3. Schärfere Kontrolle des Waffenhandels

Unabdingbar ist eine stärkere Kontrolle des Waffenhandels. Lieferungen von schwerem Kriegsgerät oder auch Handfeuerwaffen in gefährdete Gebiete werden auf vielerlei Art gerechtfertigt, oft mit den hehren Motiven, dadurch einen Beitrag zu leisten:

- zu strategischer Stabilität einer Region durch Abschreckung;
- zur Bewahrung bzw. Wiederherstellung von nationaler Sicherheit im Rahmen eines staatlichen Gewaltmonopols;
- zur Befreiung unterdrückter Gesellschaften.

Doch scheint ein Rüstungswettlauf zwischen Staaten die Chance auf friedliche Lösungen etwa von bi- und multilateralen Territorialansprüchen eher zu mindern. Aufrüstung stärkt das gegenseitige Misstrauen und lässt die Bereitschaft schwinden, Strategien für eine friedliche Konfliktlösung zu suchen.

Die Unterstützung der Herstellung von staatlichen Gewaltmonopolen in fragilen Staaten kommt hingegen kaum zum Tragen. Auch die militärische und polizeiliche Ausstattungshilfe zur Bewahrung bzw. Wiederherstellung von nationaler Sicherheit gestaltet sich kaum nennenswert.

Die größten Kunden internationaler Rüstungskonzerne sind asiatische Staaten: Indien, China, Pakistan, Südkorea und Singapur. Ein Großteil zum Beispiel der deutschen Rüstungsexporte in Drittstaaten geht nach Asien und Afrika. Zwar handelt es sich bei den Importeuren um stabile Staaten. Ob Ägypten, Saudi-Arabien oder Indonesien – Kriegsgerät „Made in

Germany" wurde und wird in vielen Ländern eingesetzt, um Aufstände im Keim zu ersticken und Oppositionsgruppen zum Schweigen zu bringen.

Zudem zeigt sich, dass ein staatliches Gewaltmonopol nach westlichem Vorbild nicht ohne weiteres auf andere Gesellschaften übertragbar ist. Macht- und Wirtschaftsinteressen, aber auch religiöse Monopolansprüche können eine Regierung dazu führen, Gewalt lieber gegen die Bevölkerung satt zur Gewährleistung ihrer Sicherheit einzusetzen.

Gefordert ist ein Verbot von Rüstungslieferungen in Spannungs- und Krisengebiete sowie an Regime beziehungsweise Regierungen, die nachweisbar Menschenrechtsverletzungen begehen oder die Waffenlieferungen weitergeben. Ein allgemeines Verbot lässt sich jedoch schon aufgrund der Souveränität von Staaten bei der Entscheidung über Rüstungsexporte nicht durchsetzen. Die Rüstungsindustrie bietet nicht nur zahlreichen Menschen einen sicheren Arbeitsplatz. Sie bringt dem Staat umfangreiche Einnahmen. Ohne Aufträge ist beides gefährdet.

Durch die Implikationen, die mit Waffenlieferungen in Spannungs- und Krisengebiete verbunden sind, würde eine Reduktion hingegen auch aus finanzpolitischen Gründen sinnvoll sein. Ich will an dieser Stelle aus Zeitgründen nicht näher auf die Implikationen eingehen, als Beispiel seien nur Flüchtlingswellen genannt. Wie aber ließe sich eine solche Reduktion weltweit verbindlich durchsetzen? Da bietet sich nur eine Lösung: Ein internationales Abkommen.

Tatsächlich gibt es bereits seit Ende 2014 ein internationales Waffenhandelskontrollabkommen. 130 Staaten haben den Vertrag dazu unterzeichnet. Mitglieder sind nach Angaben der UNODA (United Nations Office for Disarment Affairs) bis heute jedoch nur 92 Staaten. Die USA als größter Waffenlieferant weltweit unterzeichneten den Vertrag zwar, sind bisher jedoch weder beigetreten, noch haben sie ihn ratifiziert. Dieses Abkommen mag lobenswert sein. Seine Auswirkungen sind bescheiden. Zum einen bleibt die Souveränität bei der Entscheidung über Waffenexporte nach wie vor bei den jeweiligen Staaten. Zum anderen werden bei etwaigen Verstößen keine Sanktionen verhängt. Auch mangelt es an einer effizienten Kontrolle, insbesondere wenn es um die Weitergabe des gelieferten Kriegsgerätes geht.

Die Eskalation von Gewalt in einem fragilen oder der eigenen Kultur „fremden" Land alleine genügt leider nicht, um wirksame Abkommen durchzusetzen. Auch haben auf Zeit gewählte Staatsoberhäupter an nachhaltigen Strategien vor allem im Angesicht einer eventuellen Neuwahl meist wenig Interesse. Sie wissen kurzfristige Erfolge beispielsweise in den Arbeitslosenzahlen oder an den Aktienkursen nationaler Unternehmen weit mehr zu schätzen. So gestalten sich Übereinkommen zwischen verschiedenen Staaten generell schwierig.

Im Sinne des kritischen Rationalismus möchte ich daher eine realitätsnähere Forderung mit möglichem Lösungsweg aufzeigen. Restriktionen in Bezug auf den Waffenhandel erfordern den öffentlichen, interkulturellen und globalen Diskurs. Es geht um die unmissverständliche Darstellung der konkreten Nachteile und Konsequenzen für den Staatshaushalt ebenso wie für die einzelnen Bürgerinnen und Bürger. Sie setzt unter anderem die Vermittlung von neutralen Informationen und Berichterstattungen voraus.

Wer auf ein friedliches und erfülltes Leben nachkommender Generationen hofft, darf nicht die Augen verschließen vor dem Leid und den Folgen der direkten und indirekten Waffenlieferungen in Spannungs- und Krisengebiete. Erst mit Unterstützung durch Petitionen und Volksbegehren wird es möglich sein, global wirksam gegen den ökonomischen Vorteil der Waffenindustrie vorzugehen und die Durchsetzung der derzeit wohl vielversprechendsten Lösung zu erwirken:

- ein verbindliches Abkommen zwischen allen Kriegswaffen exportierenden Staaten;
- scharfe Kontrollen;
- spürbare Sanktionen bei Verstößen.

Um das friedliche Zusammenleben einer heterogenen Gesellschaft zu gewährleisten, bedarf es nicht unbedingt eines Rechtsstaates mit demokratisch legitimiertem Gewaltmonopol – für eine freie Persönlichkeitsentwicklung, Selbstbestimmung und Selbstverwirklichung scheint er jedoch unabdingbar. Ein Umstand, der weltweit in den wenigsten Staaten gegeben ist.

III. Persönliche Schlussbemerkung

In unserer an den Werten eines zeitgenössischen Humanismus orientierten, demokratischen Kultur und Lebenswelt dürfen alle Weltanschauungen und Glaubensformen gelebt werden, sofern sie die gesetzlichen Richtlinien des Rechtsstaates einhalten. Sie dürfen weder gegen die allgemeinen Grund- und Menschenrechte verstoßen, noch eine Bedrohung für die freie Persönlichkeitsbildung des Einzelnen darstellen.

Keine Lösung bieten ein europäischer oder innerhalb der EU einzelstaatlicher Nationalismus sowie die Vorstellung, ein christlicher Fundamentalismus sei stark genug, gegen einen islamischen Fundamentalismus zu bestehen.

Das friedliche Zusammenleben in einer heterogenen Gesellschaft gelingt nur durch die aktive Einbindung von Zuwanderern und Mitbürgern jeglicher Herkunft und Religionszugehörigkeit. Unsere Aufgabe sollte es sein, jedes aktuelle und mögliche Mitglied im Staatenverbund der Europäischen Gemeinschaft zu überzeugten Demokraten und zu Verteidigern des Rechtsstaates zu machen.

Unhaltbare Versprechen müssen bloß gestellt, unzeitgemäße Dogmen verändert, sinnlose Verhaltensnormen und Handlungsvorschriften entlarvt sowie Vorurteile abgebaut werden. Dazu bedarf es meiner Meinung nach in erster Linie einer allgemeinen, natur- und kulturwissenschaftlichen Grundbildung. Das Fach Ethik sollte dabei weder in der Schul- noch in der Erwachsenenbildung von Theologen oder auf andere Weise durch den Einfluss religiöser Institutionen geprägten Personen unterrichtet werden.

Die sinnvollste Lösung sehe ich in einer speziellen, interdisziplinären Lehrerausbildung an Universitäten und öffentlichen Hochschulen im Rahmen von Philosophie, Politik- und Sozialwissenschaften. Unverzichtbar sind zudem objektive Berichterstattungen, neutrale Informationsvermittlung und eine konstruktive Religionskritik.

Eine erfolgreiche Integrationsarbeit erfordert nicht nur politische Maßnahmen. Vor allem die Vermeidung von Ausgrenzung, ein freundliches Interesse an und ein respektvoller Umgang mit Menschen jeglicher Herkunft oder Religionszugehörigkeit tragen viel dazu bei, Wertvorstellungen – Rechte wie Pflichten – zu vermitteln.

Meine Schlussfolgerung: So gut wie alle religiösen und politischen Ideologien enthalten genug Sprengstoff, um Verheerendes anzurichten. Den Sprengstoff in unwirksame Seifenblasen zu wandeln, bedarf es der kritischen Vernunft. Im Grunde handelt es sich um das Ringen zwischen dem freien, kritischen und toleranten Denken mit dem totalitären, geschlossenen und fanatischen Denken. Ein Thema, das die Menschheitsgeschichte seit Jahrtausenden begleitet.

Quellennachweis

Susanna Berndt: Evolution der Weltbilder. Mythische Weltanschauungen im Kontext wissenschaftsbasierter Daseinsdeutung. disserta Verlag Hamburg 2017

Die Ziele des Islamischen Staats. Video-Interview mit dem Journalisten Yassin Musharbash: zeit.de am 24.11.2015

Popper, Karl R.: Alles Leben ist Problemlösen: Über Erkenntnis, Geschichte und Politik. Ungekürzte Ausgabe von 1996; 14. Auflage, München 2010.

Kiesewetter, Hubert (Hg.): Gesammelte Werke Band 5: Karl Popper. Die offene Gesellschaft und ihre Feinde. Band I. Der Zauber Platons; Band 6: Karl Popper: Die offene Gesellschaft und ihre Feinde. Band II. Falsche Propheten: Hegel, Marx und die Folgen. 8. Auflage, Tübingen 2003.

Marc von Boemcken, Jan Grebe: Schaffen Waffen Frieden für Stabilität? für bpb.de: by-nc-nd/3.0/

Indect-project.eu

Klicksafe.de: Fake News

Thearmstradetreaty.org (ges. am 01.09.17)